I0504543

CONTENTS

INTRODUÇÃO AO MUNDO DO HACKING LINUX

O mundo da tecnologia está em constante evolução e o sistema operacional Linux tem sido amplamente utilizado em todo o mundo devido à sua flexibilidade, segurança e versatilidade. No entanto, assim como qualquer outra tecnologia, o Linux também é vulnerável a ataques cibernéticos. É aí que entra o mundo do hacking Linux.

Hacking Linux é uma prática que envolve a identificação e exploração de vulnerabilidades no sistema Linux para fins maliciosos ou de pesquisa. Em alguns casos, os hackers buscam acessar informações confidenciais ou corromper o sistema, enquanto em outros eles buscam aprender mais sobre a tecnologia e descobrir maneiras de protegê-la.

O termo "hacking" se refere ao ato de explorar sistemas ou redes de computadores com o objetivo de descobrir e corrigir vulnerabilidades. A história do hacking Linux remonta aos primórdios do desenvolvimento do sistema operacional Linux, que foi criado por Linus Torvalds na década de 1990.

Desde então, a comunidade de desenvolvedores Linux tem trabalhado juntos para criar e manter o sistema, que é conhecido por sua segurança, flexibilidade e código aberto. No entanto, como em qualquer sistema, também é alvo de ataques maliciosos.

Ao longo dos anos, muitos esforços foram feitos para proteger o Linux de ameaças, incluindo a implementação de firewalls, autenticação de usuários, atualizações de segurança e outras medidas de proteção. Além disso, a comunidade de segurança cibernética tem desenvolvido ferramentas para testar a segurança do sistema, ajudando a identificar e corrigir vulnerabilidades antes que sejam exploradas por atacantes maliciosos.

O objetivo deste livro é fornecer uma introdução ao mundo do hacking Linux e ensinar aos leitores como proteger e atacar sistemas Linux. O livro cobrirá tópicos como a história do Linux, como o sistema funciona, as principais vulnerabilidades e como proteger o sistema contra ataques. Além disso, o livro incluirá técnicas de hacking e como realizar testes de penetração em sistemas Linux

Este livro é destinado a profissionais de tecnologia, administradores de sistema, estudantes de ciência da computação e a todos aqueles interessados em aprender mais sobre o mundo do hacking Linux. Com o conhecimento adquirido através deste livro, você será capaz de entender como funciona o sistema Linux e como protegê-lo contra ataques. Além disso, você estará preparado para realizar testes de penetração em sistemas Linux e entender como os hackers podem explorar as vulnerabilidades.

Em resumo, este livro é uma introdução completa ao mundo do hacking Linux e oferece uma ampla visão sobre como proteger e atacar sistemas Linux. Aprender sobre esse assunto é importante para aprimorar suas habilidades em segurança da informação e tornar-se um profissional mais capacitado em tecnologia. Então, vamos começar!

SEGURANÇA EM SISTEMAS LINUX

O Linux é um sistema operacional amplamente utilizado em todo o mundo e é conhecido por sua segurança. No entanto, nenhum sistema é completamente seguro e existem sempre vulnerabilidades que podem ser exploradas. Por isso, é importante compreender como proteger os sistemas Linux e como detectar e corrigir vulnerabilidades. Neste capítulo, vamos explorar algumas das medidas de segurança mais importantes que devem ser tomadas para proteger os sistemas Linux.

Senhas fortes: A primeira medida de segurança é usar senhas fortes. As senhas fracas são facilmente quebradas, o que significa que qualquer pessoa com um pouco de conhecimento técnico pode acessar o sistema. Para proteger o sistema, é importante usar senhas fortes que contenham letras maiúsculas e minúsculas, números e símbolos. Além disso, é recomendável que as senhas sejam mudadas regularmente .

Use senhas fortes e únicas: as senhas são uma forma importante de proteger acessos aos sistemas. É importante usar senhas fortes e únicas para evitar que invasores adivinhem ou quebras suas senhas.

Para criar senhas fortes e únicas, existem algumas recomendações que você pode seguir:

1.   Use combinações de letras maiúsculas e minúsculas, números e símbolos.

2.   Não use palavras inteiras ou frases comuns.

3.   Adicione variações a palavras conhecidas, como trocar letras por números ou adicionar símbolos.

4. Não reutilize a mesma senha para diferentes contas.

5. Utilize senhas com pelo menos 12 caracteres.

6. Utilize geradores de senhas aleatórias se tiver dificuldade em criar senhas.

7. Utilize gerenciadores de senhas para ajudar a lembrar de todas as suas senhas.

Atualizações de software: Outra medida importante é manter o software atualizado. As atualizações de software são frequentemente lançadas para corrigir vulnerabilidades de segurança. Por isso, é importante verificar regularmente se há atualizações disponíveis e instalá-las imediatamente

Firewall: Um firewall é uma ferramenta importante que ajuda a proteger o sistema contra ataques externos. Ele controla o tráfego de rede permitido e bloqueará qualquer tráfego não autorizado. É importante configurar o firewall corretamente para garantir a máxima proteção.

Para configurar o firewall corretamente em sistemas Linux, é necessário seguir alguns passos1. **Verifique o status do firewall: antes de começar, é importante verificar se o firewall está habilitado ou desabilitado. Isso pode ser feito com o comando "ufw status" no terminal.**

2. Configure as regras: as regras de firewall podem ser configuradas por meio de comandos no terminal. É possível permitir ou negar acesso a portas específicas, endereços IP, etc. É importante permitir apenas o acesso necessário para evitar vulnerabilidades de segurança.

3. Configure o firewall para iniciar automaticamente: é importante que o firewall seja iniciado automaticamente quando o sistema é reiniciado, para garantir a proteção constante do sistema. Isso pode ser feito por meio do comando "ufw enable" no terminal.

4. Atualize as regras periodicamente: ao longo do tempo, é importante revisar e atualizar as regras de firewall para se adaptar a mudanças nas necessidades de acesso e na configuração do sistema.:

5. Monitoramento de log: é importante monitorar o log de firewall

para verificar se há atividades suspeitas ou tentativas de acesso não autorizadas. Isso pode ser feito por meio do comando "ufw status verbose" no terminal.

Controle De Acesso:

O controle de acesso é uma medida importante para proteger o sistema contra acessos não autorizados. É importante configurar as permissões corretamente para garantir que apenas as pessoas autorizadas possam acessar determinados recursos do sistema.

Para limitar o acesso ao sistema Linux apenas para usuários autorizados, você pode seguir estas etapas:

1. Configurar autenticação: é importante configurar a autenticação para que apenas usuários registrados possam acessar o sistema. Isso pode ser feito através da criação de contas de usuários e definição de senhas.

2. Atribuir permissões de usuários: é importante atribuir permissões de usuários corretamente, pois isso permite controlar o acesso a recursos específicos. Por exemplo, você pode restringir o acesso de um usuário a determinados arquivos ou pastas

3. Configurar grupos de usuários: você também pode configurar grupos de usuários para simplificar a atribuição de permissões. Isso permite que você configure permissões para um grupo inteiro, em vez de fazê-lo individualmente para cada usuário.

4. Configurar firewall: é importante configurar um firewall para bloquear acessos não autorizados à rede. O firewall pode ser configurado para aceitar ou bloquear conexões baseadas em regras definidas.

5. Utilize SSH: O Secure Shell (SSH) é uma ferramenta útil para restringir o acesso remoto ao sistema. Ele permite acessar o sistema remotamente apenas através de uma conexão criptografada e autenticada.

Estas são algumas dicas para limitar o acesso ao sistema Linux apenas para usuários autorizados. É importante ter cuidado ao configurar o sistema, pois um erro pode resultar em vulnerabilidades de segurança. Além disso, é recomendável manter o sistema sempre atualizado com as últimas correções de segurança.

Criptografia:

A criptografia é uma medida importante para proteger dados confidenciais. É importante usar criptografia de ponta a ponta para garantir que os dados só possam ser acessados por pessoas autorizadas.

Em resumo, a segurança em sistemas Linux é uma questão importante que deve ser levada a sério. É importante seguir as medidas de segurança descritas acima para proteger o sistema contra ataques externos e garantir a privacidade e a segurança dos dados.

COMANDOS BÁSICOS
PARA PROTEÇÃO
DE SISTEMAS

O Linux é uma plataforma altamente personalizável e flexível, o que significa que você pode fazer muitas coisas para proteger o sistema. Neste capítulo, vamos explorar alguns dos comandos básicos que você pode usar para proteger seu sistema.

1. Mudar as permissões de arquivo: As permissões de arquivo são importantes para controlar quem tem acesso a determinados arquivos e pastas. Você pode usar o comando "chmod" para mudar as permissões de arquivo.

2. Instalar um firewall: Um firewall é uma ferramenta importante que ajuda a proteger o sistema contra ataques externos. Você pode instalar o firewall "iptables" usando o comando "apt-get install iptables".

3. Atualizar o software: As atualizações de software são importantes para corrigir vulnerabilidades de segurança. Você pode atualizar o software usando o comando "apt-get update" e "apt-get upgrade".

4. Instalar o OpenSSH: O OpenSSH é uma ferramenta importante para proteger a comunicação remota. Você pode instalar o OpenSSH usando o comando "apt-get install openssh-server".

5. Criptografar dados: A criptografia é importante para proteger dados confidenciais. Você pode criptografar dados usando o comando "gpg".

Esses são apenas alguns dos comandos básicos que você pode usar para proteger o seu sistema Linux. É importante compreender como esses comandos funcionam e como eles podem ser usados de forma efetiva para proteger o sistema. Além disso, é importante manter-se atualizado sobre as últimas vulnerabilidades e corrigi-las assim que surgirem.

PROTEÇÃO CONTRA ATAQUES DE FORÇA BRUTA

Os ataques de força bruta são um dos mais comuns e simples tipos de ataques contra sistemas Linux. Eles consistem em tentar adivinhar a senha de um usuário ou sistema, testando todas as combinações possíveis de caracteres. Para proteger contra esse tipo de ataque, existem algumas medidas que você pode tomar.

1.   senhas seguras: É importante usar senhas seguras que sejam difíceis de adivinhar. As senhas devem ter pelo menos 8 caracteres, incluir letras, números e símbolos, e não devem ser comuns.

2. Limitar o número de tentativas de login: Você pode limitar o número de tentativas de login permitidas antes que a conta seja bloqueada. Isso pode ser feito configurando o arquivo "/etc/pam.d/common-auth".

3. Usar autenticação de dois fatores: A autenticação de dois fatores adiciona uma camada extra de segurança, pois requer a entrada de uma senha e outro fator, como um código enviado por SMS ou um token físico.

4. Monitorar o arquivo de log: É importante monitorar o arquivo de log do sistema para detectar qualquer atividade suspeita, como tentativas de login falhas. Você pode usar o comando "tail -f /var/log/auth.log" para monitorar o arquivo de log em tempo real

5. Usar o fail2ban: O fail2ban é uma ferramenta que ajuda a proteger o sistema contra ataques de força bruta. Ele monitora o arquivo de log e bloqueia automaticamente endereços IP que estão tentando fazer login de forma inválida

Essas são algumas das medidas que você pode tomar para proteger o seu sistema contra ataques de força bruta. É importante implementar uma combinação dessas medidas para garantir a segurança do seu sistema. Além disso, é importante manter-se atualizado sobre as últimas ameaças e vulnerabilidades e tomar medidas para corrigi-las assim que surgirem.

ANÁLISE DE LOGS DE SISTEMAS LINUX

A análise de logs é uma parte crucial da administração de sistemas Linux e ajuda a monitorar a atividade no sistema, detectar problemas e prevenir ataques. Os logs são arquivos que registram informações sobre a atividade do sistema, incluindo eventos como login e logoff, erros e atividade de rede. Aqui estão alguns dos passos para realizar uma análise de logs em um sistema Linux.

1. Identificar os arquivos de log relevantes: O primeiro passo é identificar os arquivos de log relevantes para o sistema. Alguns dos arquivos de log mais comuns incluem o arquivo de log de autenticação "/var/log/auth.log", o arquivo de log do kernel "/var/log/kern.log" e o arquivo de log de sistema "/var/log/syslog".

2. Monitorar os logs em tempo real: Você pode usar o comando "tail -f" para monitorar os logs em tempo real e ver as últimas entradas no arquivo de log.

3. Analisar as entradas de log: A próxima etapa é analisar as entradas de log para detectar qualquer atividade suspeita ou problemas. Você pode procurar por erros, tentativas de login falhas, atividade de rede incomum e outros indicadores de problemas ou ataques.

4. Usar ferramentas de análise de log: Além de analisar manualmente os logs, você pode usar ferramentas de análise de log, como o Logwatch ou o Syslog-ng, para analisar os logs de forma automatizada e identificar problemas e tendências.

5. Armazenar os logs de forma segura: É importante armazenar os logs de forma segura para que eles possam ser usados como uma prova em caso de investigação de segurança. É recomendável armazenar os logs em um dispositivo seguro ou em nuvem.

Em conclusão, a análise de logs é uma parte importante da administração de sistemas Linux e ajuda a garantir a segurança do sistema. É importante monitorar os logs com regularidade e usar ferramentas de análise de log para identificar problemas e tendências. Além disso, é importante armazenar os logs de forma segura para usá-los como prova em caso de investigação de segurança.

PROTEÇÕES CONTRA INVASÕES REMOTAS

As invasões remotas são uma ameaça real para sistemas Linux e podem resultar em danos graves, incluindo a perda de dados, a interrupção do sistema e a exposição de informações confidenciais. Aqui estão algumas dicas para proteger um sistema Linux contra invasões remotas.

1. Atualize o sistema: Mantenha o sistema e todos os aplicativos instalados atualizados com as últimas correções de segurança. Isso pode ajudar a proteger contra vulnerabilidades conhecidas e novas ameaças.

2. Configure a firewall: Configure uma firewall para bloquear acesso não autorizado ao sistema. O firewall pode ser configurado com regras para permitir ou negar o acesso a partir de endereços IP específicos ou portas de rede.

3. Use senhas seguras: Use senhas seguras para proteger a conta de usuário e outros recursos sensíveis. As senhas devem ser longas, incluir caracteres mistos e ser trocadas regularmente.

4. Desabilite serviços desnecessários: Desabilite quaisquer serviços desnecessários, como o SSH, o FTP e o Telnet, para minimizar a superfície de ataque do sistema. Se você precisa usar esses serviços, configure-os de forma segura, como usar autenticação de duas fatores.

5. Monitore a atividade de rede: Monitore a atividade de rede para detectar tentativas de invasão e atividade suspeita. Você pode usar ferramentas como o tcpdump ou o Wireshark para monitorar o tráfego de rede.

6.   Use software de detecção de intrusão: Use software de detecção de intrusão, como o Snort ou o Suricata, para detectar e alertar sobre ameaças e tentativas de invasão.

Em conclusão, as invasões remotas são uma ameaça real para sistemas Linux e requerem uma abordagem proativa para garantir a segurança do sistema. Mantenha o sistema e os aplicativos atualizados, configure a firewall, use senhas seguras, desabilite serviços desnecessários, monitore a atividade de rede e use software de detecção de intrusão para proteger o sistema contra invasões remotas.

PROTEÇÃO CONTRA AMEAÇAS EM REDE

Em um mundo interconectado, a segurança de rede é um aspecto crítico para manter um sistema Linux seguro. Neste capítulo, exploraremos os vários métodos para proteger contra ameaças baseadas em rede em Linux.

Uma das medidas mais importantes para a segurança de rede é implementar uma firewall. Uma firewall atua como uma barreira entre uma rede interna confiável e a rede externa não confiável, como a internet. As firewalls podem ser configuradas para permitir apenas o tráfego confiável passar, enquanto bloqueiam qualquer tráfego potencialmente malicioso.

Outro método para proteger contra ameaças baseadas em rede é atualizar regularmente o software do sistema. Isso inclui atualizar o sistema operacional, aplicativos e qualquer software de segurança, como ferramentas antivírus e anti- malware. Essas atualizações geralmente contêm correções importantes de segurança que abordam vulnerabilidades conhecidas e ajudam a manter o sistema seguro.

Além disso, é importante monitorar a atividade de rede para qualquer comportamento suspeito. Isso pode incluir o rastreamento de tráfego de entrada e saída, bem como procurar padrões incomuns no uso de rede. Se uma ameaça potencial for detectada, o administrador do sistema deve tomar medidas apropriadas para isolar e conter a ameaça.

Por fim, é importante implementar senhas fortes e usar criptografia ao transmitir informações sensíveis sobre uma rede. Isso ajuda a prevenir o acesso não autorizado ao sistema e protege contra interceptação ou alteração de dados transmitidos.

Em conclusão, há uma série de medidas que podem ser tomadas para proteger contra ameaças baseadas em rede em sistemas Linux. Ao implementar uma combinação de firewalls, atualizações de software, monitoramento de rede e senhas fortes, os administradores podem ajudar a garantir que seus sistemas permaneçam seguros contra essas ameaças.

PROTEÇÃO DE DADOS SENSÍVEIS

Em um mundo cada vez mais conectado e dependente da tecnologia, a segurança de dados é uma preocupação cada vez mais importante. Isso é especialmente verdadeiro quando se trata de dados sensíveis, como informações financeiras, dados médicos ou informações pessoais confidenciais.

Para proteger esses dados em sistemas Linux, existem algumas medidas que você pode tomar. Aqui estão algumas dicas para ajudá-lo a manter seus dados seguros:

1. Criptografe seus dados: A criptografia é uma maneira eficaz de proteger seus dados sensíveis contra acessos não autorizados. Você pode usar ferramentas como o LUKS para criptografar seus dados no nível do sistema de arquivos.

2. Use autenticação forte: Certifique-se de usar senhas seguras e autenticação de dois fatores para proteger seus dados sensíveis. Além disso, evite reutilizar senhas e mantenha suas senhas em um local seguro.

3.   Mantenha seu sistema atualizado: Mantenha seu sistema Linux atualizado com as últimas correções de segurança. Isso pode ajudar a proteger seus dados sensíveis contra vulnerabilidades conhecidas.

4.   Limite o acesso: Limite o número de usuários com permissões de administrador em seu sistema. Além disso, configure regras de firewall para bloquear o acesso não autorizado à sua rede.

5.   Fazer backup regularmente: Fazer backups regulares de seus dados sensíveis é importante para protegê-los contra perda de dados. Você pode usar ferramentas de backup como o rsync ou o bacula para fazer isso.

Em resumo, proteger seus dados sensíveis é crucial em sistemas Linux. Ao seguir as dicas acima, você pode garantir que seus dados estarão seguros e protegidos contra ameaças de segurança.

PROTEÇÃO CONTRA MALWARE EM SISTEMAS LINUX

No mundo cibernético atual, a proteção contra malware é fundamental para garantir a segurança dos sistemas e proteger dados sensíveis. Os sistemas Linux também estão suscetíveis a ataques de malware e é importante tomar medidas para se proteger contra essas ameaças.

Existem vários tipos de malware que podem afetar os sistemas Linux, incluindo vírus, cavalos de Troia, worms e spyware. É importante estar ciente dessas ameaças e tomar medidas para proteger o sistema contra elas.

Uma das medidas mais eficazes para proteger o sistema contra malware é manter o sistema e os programas atualizados com as últimas correções de segurança. Além disso, é importante usar uma solução de segurança confiável, como um software antivírus, para proteger o sistema contra malware.

Outra medida importante é ser cauteloso ao baixar aplicativos ou abrir arquivos de fontes desconhecidas ou suspeitas. É importante verificar a integridade de arquivos antes de abri-los e evitar baixar aplicativos de fontes não confiáveis.

Além disso, é importante habilitar o firewall do sistema para bloquear a entrada de tráfego malicioso e configurar as políticas de segurança para impedir a execução de programas maliciosos. Em resumo, a proteção contra malware em sistemas Linux é fundamental para garantir a segurança do sistema e proteger dados sensíveis. É importante tomar medidas para se proteger contra ameaças de malware, incluindo manter o sistema atualizado, usar uma solução de segurança confiável, ser cauteloso ao baixar aplicativos e habilitar o firewall do sistema.

TESTE DE PENETRAÇÃO EM SISTEMAS LINUX

O teste de penetração é uma técnica comumente utilizada para avaliar a segurança de sistemas Linux. O objetivo deste tipo de teste é simular uma invasão maliciosa, identificando pontos fracos e vulnerabilidades no sistema que possam ser explorados por atacantes.

O processo de teste de penetração começa com uma avaliação inicial da infraestrutura do sistema, incluindo a identificação de serviços e aplicativos em execução, configurações de firewall, endereços IP e outras informações relevantes. Em seguida, é realizada uma varredura de segurança para identificar pontos fracos e vulnerabilidades no sistema.

Depois que as vulnerabilidades são identificadas, o próximo passo é simular um ataque, explorando essas vulnerabilidades e tentando obter acesso não autorizado ao sistema ou aos dados armazenados nele. Os resultados deste teste são documentados e analisados para identificar pontos fracos que precisam ser corrigidos para melhorar a segurança do sistema.

Ao realizar testes de penetração regularmente, é possível garantir que o sistema Linux esteja sempre protegido contra ameaças externas e internas, mantendo a segurança dos dados sensíveis e garantindo a integridade dos sistemas.

Os tipos de testes de penetração utilizados em sistemas Linux incluem:

Teste De Invasão:

O teste de invasão, também conhecido como pen testing, é uma simulação controlada de uma invasão maliciosa a um sistema, com o objetivo de identificar pontos fracos de segurança. Ele é realizado por profissionais de segurança da informação que utilizam técnicas e ferramentas semelhantes às utilizadas por invasores maliciosos para avaliar a robustez da defesa do sistema. O teste de invasão pode incluir vários tipos de análises, como análise de vulnerabilidades, análise de rede, análise de sistemas, análise de aplicativos, etc. É importante ressaltar que o teste de invasão só deve ser realizado com o consentimento explícito do proprietário ou administrador do sistema e que todas as atividades devem ser executadas de forma ética e legal.

Teste De Escalada De Privilégios:

O teste de escalada de privilégios é uma das fases importantes na realização de um teste de penetração. Ele tem como objetivo determinar se um invasor que tenha acesso a uma conta restrita de um sistema pode elevar suas permissões para acessar recursos mais valiosos, como informações confidenciais ou funcionalidades administrativas.

A escalada de privilégios pode ser feita de várias maneiras, como explorar vulnerabilidades de software, roubar credenciais de outros usuários ou elevar privilégios comandos maliciosos.

O processo de teste de escalada de privilégios envolve simular uma invasão e procurar oportunidades para aumentar as permissões. Isso pode ser feito manualmente ou usando ferramentas automatizadas.

Após a identificação de uma possível escalada de privilégios, é importante realizar uma verificação rigorosa para confirmar a vulnerabilidade e avaliar sua gravidade. Em seguida, é recomendável corrigir a vulnerabilidade para garantir a segurança do sistema.

Teste De Análise De Vulnerabilidades:

O teste de análise de vulnerabilidades, também conhecido como teste de penetração ou simplesmente "pen test", é uma simulação de ataques realizados por invasores mal-intencionados com o objetivo de identificar e avaliar as vulnerabilidades de um sistema ou rede. O processo é realizado por profissionais especializados em segurança da informação, que utilizam ferramentas e técnicas de hacking ético para emular ameaças reais e medir a capacidade do sistema em resistir a ataques.

A análise de vulnerabilidades começa com a coleta de informações sobre o alvo, incluindo endereços IP, nomes de host, portas abertas, serviços em execução, sistemas operacionais, aplicativos e outras informações relevantes. Em seguida, os profissionais de segurança utilizam ferramentas automatizadas para escanear o sistema em busca de vulnerabilidades conhecidas e exploráveis.

Quando uma vulnerabilidade é identificada, os profissionais de segurança tentam explorá-la para verificar se ela permite acesso não autorizado ao sistema, dados confidenciais ou outros recursos. Se uma vulnerabilidade é explora com sucesso, os profissionais de segurança registram e classificam a ameaça, avaliando seu impacto potencial no sistema.

O resultado final do teste de análise de vulnerabilidades é um relatório detalhado que inclui todas as vulnerabilidades identificadas, o grau de ameaça associado a cada uma delas e as recomendações para correção e mitigação dessas ameaças. Esse relatório é então entregue aos responsáveis pela segurança da informação, que podem tomar medidas para corrigir as vulnerabilidades e melhorar a segurança do sistema.

Teste De Phishing:

O teste de phishing é uma simulação de um ataque de phishing real, realizada com o objetivo de verificar a capacidade de detectar e responder a tal tipo de ameaça por parte dos usuários da rede.

A finalidade é treinar as pessoas a identificar as mensagens de phishing e a evitar cair nelas, garantindo assim a segurança da informação.

O teste de phishing pode ser realizado de diversas maneiras, sendo as mais comuns:

Envio de mensagem falsa: Um e-mail ou mensagem instantânea com aparência de ser enviado por uma empresa ou instituição confiável é enviado aos usuários com o objetivo de obter informações pessoais ou financeiras.

Criação de páginas falsas: Uma página falsa é criada com aparência de ser de uma empresa confiável, e é enviado aos usuários para que eles entrem com informações pessoais ou financeiras.

Simulação de evento: É feita a simulação de um evento, como um vazamento de informações ou problemas financeiros, para que os usuários entrem com informações pessoais ou financeiras.

Os resultados do teste de phishing são analisados e usados para identificar pontos fracos na segurança e para treinar os usuários a reconhecer e evitar esse tipo de ameaça.

Teste De Submissão:

O teste de submissão é uma técnica de teste de penetração que visa identificar vulnerabilidades em aplicativos web que permitem a entrada de dados do usuário. Neste teste, o especialista em segurança simula uma submissão maliciosa de dados, enviando entradas inválidas ou maliciosas para o aplicativo. O objetivo é identificar se o aplicativo está corretamente validando e tratando essas entradas, e se existe alguma forma de explorar uma vulnerabilidade na aplicação, como por exemplo, ataques de SQL injection ou Cross-Site Scripting (XSS). É importante notar que o teste de submissão deve ser feito somente com autorização prévia e com medidas de segurança adequadas para evitar danos aos sistemas.

Teste De Distribuição De Ataques:

O teste de distribuição de ataques, também conhecido como "load testing", é uma técnica de teste de segurança utilizada para avaliar o comportamento de um sistema sob uma grande carga de tráfego ou solicitações. O objetivo é identificar pontos de falha no sistema que possam ser explorados por atacantes para comprometer a disponibilidade e integridade dos dados.

Para realizar um teste de distribuição de ataques, é necessário seguir os seguintes passos:

Identificação dos objetivos: É preciso determinar os objetivos do teste, identificando quais sistemas, aplicativos e serviços serão avaliados.

Preparação da carga de teste: É necessário preparar uma série de solicitações de teste que serão enviadas ao sistema durante o teste.

Configuração Do Ambiente De Teste:

O ambiente de teste deve ser configurado para imitar o ambiente de produção o mais próximo possível.

Execução Do Teste:

O teste é executado enviando uma grande quantidade de solicitações ao sistema de uma só vez. Durante o teste, é monitorado o comportamento do sistema, incluindo tempo de resposta, uso de recursos e erros.

Análise Dos Resultados:

Os resultados do teste são analisados para identificar pontos de falha no sistema. Essas falhas podem incluir problemas de performance, falhas no software, problemas de configuração ou outros problemas que possam ser explorados por atacantes.

Correção De Vulnerabilidades:

As vulnerabilidades identificadas devem ser corrigidas para garantir a segurança do sistema.

Ao realizar um teste de distribuição de ataques, é importante lembrar que ele deve ser conduzido por profissionais capacitados e com autorização para realizá-lo. Além disso, o teste deve ser planejado e executado de maneira responsável, sem prejudicar o funcionamento do sistema ou comprometer a segurança de dados. Teste de eficiência de segurança: O teste de eficiência de segurança é uma técnica utilizada para avaliar a eficiência de sistemas de segurança, como firewall, intrusion detection systems, intrusion prevention systems, etc. Ele consiste na simulação de ataques cibernéticos ao sistema de segurança, com o objetivo de identificar suas fraquezas e verificar se ele é capaz de proteger o sistema e os dados. O teste de eficiência de segurança pode ser realizado de diversas formas, incluindo testes manuais, testes automatizados e testes em laboratórios de segurança.

O processo começa com o levantamento das informações do sistema, como configurações, softwares e hardware, para então realizar a simulação de ataques. Em seguida, os resultados são analisados e comparados com as expectativas de segurança. Finalmente, as fraquezas identificadas são corrigidas e o processo é repetido até que o sistema alcance uma eficiência satisfatória.

ATAQUES DE NEGAÇÃO DE SERVIÇO (DoS)

Os ataques de negação de serviço (DoS) são uma das ameaças mais antigas e conhecidas na história da segurança da informação. O objetivo desse tipo de ataque é interromper ou prejudicar o funcionamento de um sistema, geralmente por meio da sobrecarga de tráfego em redes ou serviços específicos. Em sistemas Linux, esse tipo de ataque pode ser especialmente prejudicial, uma vez que muitos serviços críticos, como bancos de dados e aplicações web, estão executando nesses sistemas.

Existem vários tipos de ataques DoS, incluindo ataques de negação de serviço distribuídos (DDoS), ataques de amplificação de tráfego, ataques de sobrecarga de recursos e ataques de congestão da rede. Independentemente da técnica utilizada, o objetivo final é sempre o mesmo: tornar o sistema ou a rede alvo inacessíveis ou inoperantes para seus usuários legítimos.

Para proteger seus sistemas Linux contra ataques DoS, é importante implementar medidas de segurança efetivas. Isso inclui monitorar continuamente o tráfego da rede para detectar qualquer comportamento anormal, implementar medidas de segurança avançadas, como firewalls e sistemas de detecção e prevenção de intrusões (IDS/IPS), e utilizar técnicas de proteção de recursos, como limitação de tráfego e distribuição de carga Além disso, é importante estar sempre atualizado sobre as ameaças mais recentes e vulnerabilidades conhecidas, para que você possa tomar medidas para proteger seus sistemas da maneira mais eficaz possível. Ao tomar medidas de segurança proativas   e estar   preparado   para   responder a   possíveis ameaças, você pode ajudar a proteger seus sistemas Linux contra os perigos de ataques DoS..

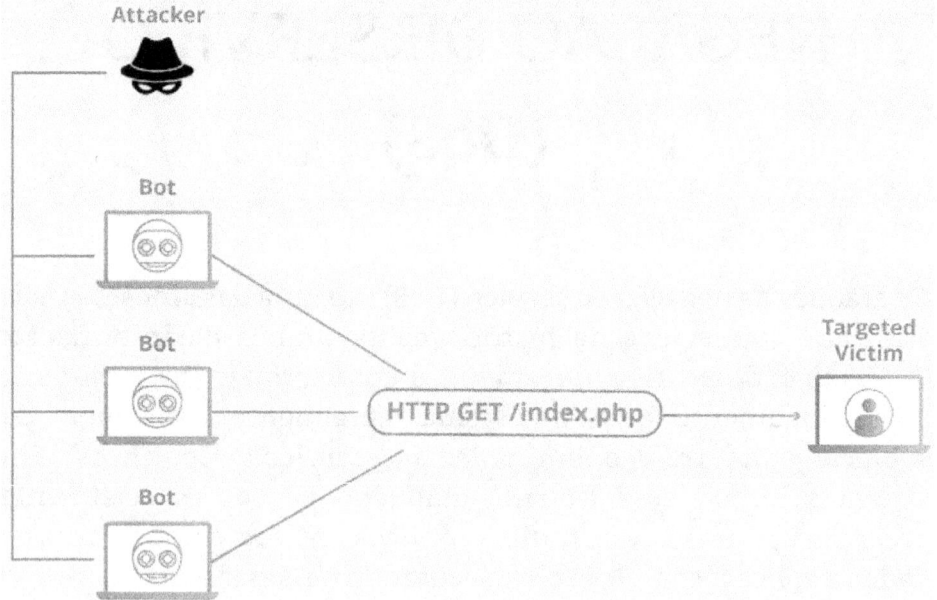

EXPLORAÇÃO DE VULNERABILIDADES EM SISTEMAS LINUX

A exploração de vulnerabilidades é uma das técnicas mais comuns utilizadas por hackers para invadir sistemas. O objetivo é encontrar pontos fracos no sistema e utilizá-los para obter acesso não autorizado ou causar danos aos dados. Em sistemas Linux, existem várias vulnerabilidades comuns que podem ser exploradas, incluindo a falta de atualizações de software, configurações inseguras e erros de programação.

A primeira coisa a se fazer para proteger o sistema contra explorações de vulnerabilidades é manter todos os softwares atualizados. Isso inclui o sistema operacional, aplicativos e bibliotecas. As atualizações geralmente incluem correções de segurança que corrigem vulnerabilidades conhecidas, tornando o sistema mais seguro. Além disso, é importante configurar corretamente o sistema, garantindo que as permissões de arquivos e diretórios estejam corretamente configuradas e que o acesso remoto seja limitado apenas a usuários confiáveis.

A análise de logs de sistemas também é importante para detectar possíveis explorações de vulnerabilidades. Os logs podem mostrar atividades suspeitas, como tentativas de login inválidas ou acesso não autorizado a arquivos. Além disso, é importante monitorar constantemente as conexões de rede e a atividade de processos para detectar qualquer atividade suspeita.

Aqui estão algumas dicas para fazer uma análise de logs eficaz para detectar possíveis explorações de vulnerabilidades:

Identificar Os Arquivos De Log Relevantes:

Dependendo do sistema Linux que você está usando, os arquivos de log relevantes podem ser diferentes. Por exemplo, em sistemas Debian-based, você pode procurar em /var/log/ ou em /var/log/messages.

Fazer Uma Revisão De Rotina Dos Arquivos De Log:

É importante revisar os arquivos de log regularmente para identificar qualquer comportamento suspeito ou erros.

Usar Ferramentas De Análise De Log:

Existem muitas ferramentas de análise de log disponíveis para Linux, como o Logwatch, o Rsyslog e o Graylog. Essas ferramentas podem ajudá-lo a filtrar informações e identificar padrões de comportamento anômalo.

Monitorar A Atividade De Rede:

Monitorar a atividade de rede é importante para identificar qualquer conexão não autorizada com o sistema.

Analisar Mensagens De Erro:

Se você encontrar mensagens de erro no log, é importante analisá-las com cuidado para identificar possíveis explorações de vulnerabilidades.

Verificar Logs De Autenticação:

É importante verificar os logs de autenticação para identificar qualquer tentativa de acesso não autorizado ao sistema.

Usar Alertas De Segurança:

Configure alertas de segurança para notificá-lo de qualquer atividade suspeita ou erros graves no log.

Lembre-se de que uma análise de logs eficaz requer um conhecimento profundo do sistema e do comportamento normal da rede. Por isso, é importante se familiarizar com a documentação e os recursos de suporte para sua distribuição Linux específica.

O uso de ferramentas de segurança, como firewalls, ferramentas de detecção de intrusão e sistemas de prevenção de intrusões, também pode ajudar a proteger contra explorações de vulnerabilidades. Essas ferramentas monitoram o tráfego de rede, detetam atividades suspeitas e bloqueiam tentativas de invasão. Além disso, é importante manter cópias de segurança regulares dos dados para garantir que seja possível recuperar os dados em caso de perda ou corrupção.

Por fim, é importante ter uma equipe de segurança cibernética treinada e capacitada para lidar com explorações de vulnerabilidades e outras ameaças de segurança. Eles devem ser capazes de identificar e corrigir rapidamente quaisquer problemas de segurança, além de implementar medidas preventivas para evitar futuras explorações, tais como: manter o sistema operacional e os aplicativos atualizados, utilizar firewalls e proteções de rede, limitar as permissões de usuários e acesso à rede, além de monitorar constantemente o sistema para identificar e corrigir eventuais ameaças.

É importante destacar que as explorações de vulnerabilidades são ataques persistentes e persistentes, e é essencial ser proativo na proteção do sistema contra essas ameaças. As equipes de segurança devem trabalhar juntas para implementar políticas e tecnologias eficazes que possam detectar, prevenir e responder a esses tipos de ameaças.

Além disso, é recomendável realizar testes regulares de penetração no sistema para identificar pontos fracos e corrigi- los antes que um invasor possa explorá-los. É importante lembrar que a prevenção é sempre a melhor forma de proteção contra explorações de vulnerabilidades.

Os tipos de testes de penetração utilizados em sistemas Linux incluem:

Teste de invasão: Verifica a capacidade de um invasor de comprometer o sistema.

Teste de escalada de privilégios: Verifica se um invasor consegue aumentar os privilégios de usuário para acessar informações mais sensíveis.

Teste de análise de vulnerabilidades: Verifica a existência de vulnerabilidades no sistema.

Teste de phishing: Verifica a capacidade de um invasor de obter informações confidenciais por meio de engenharia social.

Teste de submissão: Verifica a capacidade de um invasor de enviar dados maliciosos para o sistema.

Teste de distribuição de ataques: Verifica se o sistema é capaz de detectar e bloquear ataques de vários dispositivos.

Teste de eficiência de segurança: Verifica a capacidade do sistema de proteger contra ataques como negação de serviço (DoS) ou negação de serviço distribuído (DDoS).

Em resumo, a exploração de vulnerabilidades em sistemas Linux é uma ameaça real e persistente. Para proteger os dados e as informações confidenciais, é necessário implementar medidas de segurança rigorosas e monitorar constantemente o sistema para detectar e corrigir quaisquer ameaças. Além disso, é importante trabalhar em equipe para desenvolver políticas e tecnologias eficazes que possam detectar, prevenir e responder a esses tipos de ameaças.

USO DE FERRAMENTAS DE HACKING AVANÇADAS

Neste capítulo, discutiremos sobre o uso de ferramentas de hacking avançadas em sistemas Linux. Embora essas ferramentas sejam usadas com frequência por profissionais de segurança de rede para testar a segurança de seus sistemas, elas também são utilizadas por criminosos cibernéticos para invadir sistemas de forma ilegal.

Ao utilizar essas ferramentas, é importante ter conhecimento profundo do sistema operacional e dos protocolos de rede, além de entender o funcionamento das ferramentas em si. Isso permite que o profissional de segurança saiba como interpretar os resultados e implementar medidas de segurança adequadas para proteger o sistema.

Algumas das ferramentas mais populares incluem o Nmap, o Metasploit e o Aircrack-ng. O Nmap é uma ferramenta de escaneamento de rede que permite ao profissional de segurança verificar quais portas estão abertas e quais serviços estão sendo executados em um sistema. O Metasploit é uma plataforma de exploração que permite ao profissional de segurança testar as vulnerabilidades de um sistema. O Aircrack-ng é uma ferramenta de cracking de senhas Wi-Fi que permite ao profissional de segurança testar a segurança de redes sem fio.

Nmap

O Nmap (Network Mapper) é uma ferramenta open-source amplamente utilizada para testar a segurança de uma rede Linux. É possível usá-lo para escanear hosts e servidores, identificar dispositivos de rede e detectar vulnerabilidades. Aqui estão alguns passos para utilizar o Nmap para testar a segurança de uma rede Linux:

1.   Instale o Nmap: O Nmap pode ser facilmente instalado através do gerenciador de pacotes do sistema Linux, como o apt-get no Ubuntu ou o yum no CentOS.

2.   Escolha o alvo: Antes de usar o Nmap, você precisa escolher o alvo que deseja escanear. Pode ser um endereço IP ou um nome de domínio.

3.   Escolha o modo de escaneamento: O Nmap oferece vários modos de escaneamento, incluindo escaneamento TCP SYN, escaneamento TCP connect, escaneamento UDP e escaneamento ping. Escolha o modo que melhor atenda às suas necessidades.

4.   Execute o comando: Depois de escolher o alvo e o modo de escaneamento, basta executar o comando Nmap seguido pelo alvo e opções desejadas.

5.   Analise os resultados: Após a conclusão do escaneamento, o Nmap apresentará uma lista de hosts ativos na rede, portas abertas e serviços que estão rodando. É importante analisar esses resultados cuidadosamente para identificar possíveis vulnerabilidades e tomando medidas para corrigi-las.

Lembre-se de que o Nmap só deve ser usado para testar a segurança de sua própria rede e com permissão dos proprietários da rede alvo. Caso contrário, pode ser considerado invasão de privacidade e é ilegal.

Metasploit

O Metasploit é uma ferramenta avançada para testes de penetração que pode ser usada para avaliar a segurança de uma rede Linux. A seguir, estão alguns passos básicos para utilizar o Metasploit para testar a segurança de uma rede Linux:

1. Instale o Metasploit Framework: O Metasploit Framework pode ser instalado em sistemas Linux usando o gerenciador de pacotes apt ou yum, dependendo da distribuição Linux que você está usando.

2. Inicie o Metasploit: Abra o terminal e execute o comando "msfconsole" para iniciar o Metasploit Framework.

3. Selecione o alvo: Depois de iniciar o Metasploit, você precisa escolher o alvo que deseja testar. Isso pode ser feito usando o comando "use <nome do módulo>".

4. Configure o módulo: Depois de selecionar o módulo, você precisa configurá-lo para atender às suas necessidades. Isso pode ser feito usando o comando "set <nome da variável> <valor>".

5. Execute o ataque: Quando você tiver configurado o módulo, você pode executar o ataque usando o comando "exploit".

6. Verifique os resultados: Depois de executar o ataque, você pode verificar os resultados para ver se foi bem-sucedido ou não.

Lembre-se de que o Metasploit é uma ferramenta poderosa e deve ser usada com cuidado e somente em redes que você tenha autorização para testar. Além disso, é importante verificar a legislação aplicável em sua região antes de realizar qualquer teste de penetração.

Aircrack-ng

O Aircrack-ng é uma ferramenta open-source que é amplamente utilizada para testar a segurança de redes sem fio (Wi-Fi). Ele é composto por vários utilitários diferentes que trabalham juntos para realizar análises de segurança de rede. Alguns dos utilitários incluídos são o airodump-ng, o aircrack-ng, o aireplay- ng, entre outros.

Para utilizar o Aircrack-ng para testar a segurança de uma rede Linux, você precisará seguir os seguintes passos:

1.   Instale o Aircrack-ng no seu sistema Linux: você pode fazer isso digitando "sudo apt-get install aircrack-ng" no terminal.

2.   Identifique a rede que você deseja testar: você pode fazer isso usando o comando "sudo iwlist wlan0 scan".

3.   Capture o tráfego da rede usando o airodump-ng: você pode fazer isso digitando "sudo airodump-ng wlan0 --channel 6 --write output".

4.   Utilize o aireplay-ng para injetar pacotes na rede: você pode fazer isso digitando "sudo aireplay-ng -9 wlan0".

5.   Crackeie a chave WPA/WPA2 da rede usando o aircrack-ng: você pode fazer isso digitando "sudo aircrack-ng output-01.cap".

Esses são os passos gerais para utilizar o Aircrack-ng para testar a segurança de uma rede Linux. É importante destacar que essa ferramenta deve ser utilizada apenas para fins de teste de segurança e nunca para realizar ataques ilegais. Além disso, é importante ter permissão explícita dos proprietários da rede antes de realizar qualquer teste.

Além de utilizar ferramentas de hacking avançadas, é importante monitorar continuamente o sistema e verificar se houve mudanças que possam indicar uma ameaça. Isso inclui verificar os logs do sistema, monitorar as conexões de rede e implementar soluções de detecção de intrusão.

Em conclusão, o uso de ferramentas de hacking avançadas pode ser uma parte importante do processo de segurança de sistemas Linux, desde que sejam utilizadas de forma responsável e ética. O objetivo é identificar e corrigir vulnerabilidades antes que criminosos cibernéticos possam explorá-las. É importante lembrar que o uso inadequado dessas ferramentas pode ser ilegal e prejudicar seriamente a segurança de sistemas e dados.

HACKING ÉTICO EM SISTEMAS LINUX

O hacking ético é uma prática que tem como objetivo identificar e testar as vulnerabilidades de um sistema, com o intuito de melhorar a segurança da informação. Ele é utilizado por profissionais que buscam aprimorar as defesas de sistemas contra ataques maliciosos, ajudando a identificar e corrigir falhas e vulnerabilidades antes que elas sejam exploradas por atacantes.

Os sistemas Linux são amplamente utilizados em muitos setores, como financeiro, saúde e governo, e é fundamental garantir a sua segurança contra ameaças externas. A segurança de um sistema Linux pode ser aprimorada com a realização de testes de segurança periódicos, como os realizados pelos profissionais de hacking ético.

Um profissional de hacking ético segue rigorosas diretrizes éticas e legais, evitando a invasão de sistemas sem autorização ou o roubo de informações confidenciais. Eles também são responsáveis por reportar todas as vulnerabilidades identificadas aos responsáveis pelo sistema, para que possam ser corrigidas rapidamente.

Algumas das técnicas utilizadas pelos profissionais de hacking ético incluem o escaneamento de rede, a análise de logs, o teste de penetração e a exploração de vulnerabilidades. Essas técnicas são usadas para simular um ataque real, identificando as áreas fracas do sistema e permitindo que sejam corrigidas antes de serem exploradas por criminosos cibernéticos.

O hacking ético é uma prática que tem como objetivo identificar e testar as vulnerabilidades de um sistema, com o intuito de melhorar a segurança da informação. Ele é utilizado por profissionais que buscam aprimorar as defesas de sistemas contra ataques maliciosos, ajudando a identificar e corrigir falhas e vulnerabilidades antes que elas sejam exploradas por atacantes.

Os sistemas Linux são amplamente utilizados em muitos setores, como financeiro, saúde e governo, e é fundamental garantir a sua segurança contra ameaças externas. A segurança de um sistema Linux pode ser aprimorada com a realização de testes de segurança periódicos, como os realizados pelos profissionais de hacking ético.

DICAS PARA MANTER A SEGURANÇA EM SISTEMAS LINUX

Manter a segurança em sistemas Linux é essencial para garantir a integridade de dados e a privacidade dos usuários. Aqui estão algumas dicas para manter a segurança de sistemas Linux:

Mantenha o sistema operacional e outros softwares atualizados: sempre que novas correções de segurança são lançadas, é importante instalá-las imediatamente. Essas correções geralmente corrigem vulnerabilidades conhecidas no sistema. Existem algumas maneiras de manter o sistema atualizado:

1.   Atualização pelo terminal: você pode usar o comando 'sudo apt-get update' para atualizar o sistema. Este comando baixará todas as atualizações disponíveis para o sistema.

2.   Utilize um gerenciador de pacotes: O gerenciador de pacotes é uma ferramenta que permite instalar, atualizar e remover pacotes no sistema Linux. Os mais comuns são o apt, yum e dnf.

3.   Configure a atualização automática: Alguns gerenciadores de pacotes permitem configurar a atualização automática, o que significa que o sistema procurará atualizações regularmente e as instalará automaticamente.

4.   Mantenha o sistema operacional atualizado: É importante manter o sistema operacional atualizado para garantir a segurança do sistema. A atualização do sistema operacional pode ser feita através do gerenciador de pacotes.

5.   Mantenha os softwares instalados atualizados: Além do sistema operacional, é importante manter os outros softwares

instalados atualizados, especialmente os de segurança, como firewalls e antivírus.

6. Verifique regularmente as atualizações disponíveis: É uma boa prática verificar regularmente se há atualizações disponíveis para o sistema operacional e outros softwares instalados.

Lembre-se de que a atualização do sistema operacional e outros softwares pode afetar o desempenho do sistema, portanto, é importante fazer backup dos dados antes de iniciar qualquer atualização.

Use senhas fortes e únicas: as senhas são uma forma importante de proteger acessos aos sistemas. É importante usar senhas fortes e únicas para evitar que invasores adivinhem ou quebras suas senhas.

Lembre-se de que, quanto mais complexa e única a sua senha, mais segura sua conta será. Por isso, é importante criar senhas fortes e únicas para todas as suas contas online.

Configure as permissões de arquivo corretamente: é importante configurar as permissões de arquivo corretamente para garantir que apenas usuários autorizados possam acessar e modificar os arquivos.

Para configurar permissões de arquivos corretamente no sistema Linux, você pode usar o comando chmod na linha de comando. O chmod é usado para mudar as permissões de acesso aos arquivos. A sintaxe para o chmod é a seguinte:

chmod [opções] [permissões] [nome do arquivo]

As opções do chmod incluem -R para mudar as permissões de maneira recursiva para todos os arquivos e pastas dentro de uma pasta específica. As permissões são especificadas como uma combinação de caracteres numéricos. Por exemplo, 755 significa que o proprietário tem permissões de leitura, escrita e execução, enquanto outros usuários têm apenas permissões de leitura e execução.

Você pode especificar as permissões de forma mais detalhada, especificando as permissões para o proprietário (u), grupo (g) e outros usuários (o). Por exemplo, 770 significa que o proprietário tem permissões de leitura, escrita e execução, enquanto o grupo e outros usuários têm apenas permissões de leitura e execução.

Por fim, é importante mencionar que configurar as permissões corretas para os arquivos é uma medida importante de segurança para o seu sistema Linux. Certifique-se de conceder apenas as permissões necessárias para cada arquivo e pasta, e sempre mantenha seu sistema operacional e aplicativos atualizados.

Use firewalls: um firewall pode ajudar a bloquear ataques maliciosos antes que eles cheguem ao sistema. É importante configurar o firewall corretamente para garantir a máxima proteção.

Mantenha backups regulares: mantenha backups regulares dos dados importantes para garantir que eles possam ser recuperados em caso de falha do sistema ou invasão.

Instale software antivírus: um software antivírus pode ajudar a proteger o sistema contra ameaças maliciosas, como vírus e spyware. É importante escolher um software antivírus de confiança e mantê-lo sempre atualizado.

Existem algumas coisas a serem consideradas ao escolher um software antivírus para o sistema operacional Linux. Aqui estão algumas dicas:

1.   Verificar a compatibilidade: Certifique-se de que o software antivírus escolhido é compatível com a versão do seu sistema operacional Linux.

2.   Confiança da comunidade: Verifique as opiniões e avaliações de outros usuários da comunidade Linux. Muitas vezes, a comunidade pode fornecer informações valiosas sobre a confiabilidade e eficiência de um determinado software antivírus.

3.   Características e recursos: Certifique-se de que o software antivírus escolhido inclua as características e recursos que você precisa, como verificação de vírus em tempo real, proteção contra ameaças em linha, análise de segurança e muito mais.

4.   Atualizações: Escolha um software antivírus que ofereça atualizações regulares para garantir que você esteja

sempre protegido contra as últimas ameaças de segurança.

5. Suporte: Escolha um software antivírus que ofereça suporte ao usuário adequado, seja por meio de fóruns, chats ao vivo ou outros meios de contato.

Alguns dos softwares antivírus populares para o sistema operacional Linux incluem o ClamAV, o Avast, o Sophos Antivirus e o Bitdefender.

Limite o acesso ao sistema: é importante limitar o acesso ao sistema a apenas usuários autorizados. Para limitar o acesso ao sistema Linux apenas para usuários autorizados, você pode seguir estas etapas:

1. Configurar autenticação: é importante configurar a autenticação para que apenas usuários registrados possam acessar o sistema. Isso pode ser feito através da criação de contas de usuários e definição de senhas.

2. Atribuir permissões de usuários: é importante atribuir permissões de usuários corretamente, pois isso permite controlar o acesso a recursos específicos. Por exemplo, você pode restringir o acesso de um usuário a determinados arquivos ou pastas.

3. Configurar grupos de usuários: você também pode configurar grupos de usuários para simplificar a atribuição de permissões. Isso permite que você configure permissões para um grupo inteiro, em vez de fazê-lo individualmente para cada usuário.

4. Configurar firewall: é importante configurar um firewall para bloquear acessos não autorizados à rede. O firewall pode ser configurado para aceitar ou bloquear conexões baseadas em regras definidas.

5. Utilize SSH: O Secure Shell (SSH) é uma ferramenta útil para restringir o acesso remoto ao sistema. Ele permite acessar o sistema remotamente apenas através de uma conexão criptografada e autenticada.

Estas são algumas dicas para limitar o acesso ao sistema Linux apenas para usuários autorizados. É importante ter cuidado ao configurar o sistema, pois um erro pode resultar em vulnerabilidades de segurança. Além disso, é recomendável manter o sistema sempre atualizado com as últimas correções de segurança.

Seguir essas dicas pode ajudar a manter a segurança de sistemas Linux e proteger os dados sensíveis contra ameaças maliciosas. É importante ter consciência de que a segurança de sistemas Linux é uma tarefa contínua e sempre é necessário estar atualizado sobre as últimas ameaças e tendências de segurança.

PROTEÇÃO CONTRA ATAQUES POR PHISHING

O phishing é uma das mais antigas e mais comuns formas de ataques cibernéticos, consistindo em engodar o usuário para fornecer informações pessoais ou financeiras, geralmente por meio de um e-mail ou site fraudulento.

Um ataque de phishing é realizado quando um invasor, geralmente por meio de um e-mail ou mensagem, se faz passar por uma empresa ou instituição confiável e pede informações pessoais sensíveis, como nomes de usuário, senhas, informações bancárias ou outras informações pessoais confidenciais. O invasor pode criar um site falsificado que parece ser da empresa ou instituição confiável, mas na realidade é apenas uma farsa criada para roubar informações pessoais dos usuários.

Os invasores de phishing normalmente utilizam técnicas engraçadas, como apelar à emoção ou a uma ameaça iminente, para convencer os usuários a clicarem em um link ou fornecerem informações. Uma vez que as informações são obtidas, o invasor pode usá-las para cometer fraude ou outros crimes.

É importante estar atento aos sinais de phishing, como e-mails ou mensagens com linguagem urgente, com erros gramaticais ou ortográficos, com links para sites suspeitos ou que solicitem informações pessoais confidenciais. Além disso, é importante sempre verificar a autenticidade de uma mensagem antes de clicar em um link ou fornecer informações pessoais.

Outra maneira de proteger-se contra o phishing é usar software anti-vírus e anti-spam atualizado. Esses softwares ajudam a filtrar mensagens fraudulentas antes que cheguem à sua caixa de entrada. Além disso, muitos fornecedores de e-mail oferecem opções de segurança adicionais, como autenticação de remetente, que podem ajudar a proteger contra ataques de phishing.

Alguns dos tipos de phishing mais comuns incluem:

1.   Phishing de e-mail: Este é o tipo mais comum de phishing, onde os atacantes enviam e-mails falsificados que parecem ser de fontes confiáveis, como bancos, empresas de e-commerce ou instituições governamentais, solicitando informações sensíveis.

2.   Phishing por mensagem instantânea: neste tipo de phishing, um invasor envia uma mensagem instantânea para um usuário, solicitando informações pessoais ou financeiras.

3.   Phishing por site falso: neste tipo de phishing, um invasor cria um site falso que parece ser um site legítimo, com o objetivo de coletar informações pessoais ou financeiras dos usuários.

4.   Phishing por engenharia social: neste tipo de phishing, um invasor usa técnicas de engenharia social para enganar um usuário a fornecer informações pessoais ou financeiras.

5.   Phishing por malware: neste tipo de phishing, um invasor instala malware em um sistema para coletar informações pessoais ou financeiras.

É importante também ser cauteloso com as informações pessoais que se compartilha na internet. Evite compartilhar informações sensíveis, como números de cartão de crédito ou senhas, a menos que sejam absolutamente necessários. Além disso, é recomendável usar senhas fortes e únicas para todas as suas contas online.

As empresas também podem adotar medidas para proteger contra ataques por phishing. Isso inclui treinar os funcionários para reconhecer e evitar ataques de phishing, bem como implementar políticas de segurança rigorosas e ferramentas de segurança avançadas, como o autenticador de dois fatores.

É importante lembrar que o phishing é uma ameaça constante e evolutiva, e é crucial manter-se informado sobre as últimas técnicas e ameaças. Além disso, é importante monitorar regularmente suas contas financeiras e informações pessoais para detectar qualquer atividade suspeita ou indícios de ataques de phishing.

Aqui Estão Mais Algumas Dicas Para Manter-Se Seguro Contra Esses Ataques:

1. Verifique sempre a URL antes de fornecer informações pessoais. Se a URL parece suspeita, não clique nela. Certifique-se de que a URL está digitada corretamente e se inicia com "https".
2. Não abra e-mails de remetentes desconhecidos ou suspeitos, mesmo que pareçam ser de fontes confiáveis, como instituições financeiras ou empresas.
3. Não clique em links ou anexos em e-mails de phishing. Em vez disso, digite o endereço da web da empresa manualmente no seu navegador.
4. Mantenha seu sistema atualizado e protegido com um software antivírus eficaz.
5. Configure suas preferências de segurança nas configurações de e-mail para bloquear remetentes desconhecidos.
6. Fique atento a erros de ortografia e gramática em e-mails de phishing, pois esses erros são um indicativo de que o e-mail é falso.
7. Se você receber um e-mail de phishing, não responda. Em vez disso, denuncie-o à empresa ou à organização afetada.

Lembre-se de que os ataques por phishing são projetados para enganar as pessoas e obter informações pessoais ou financeiras. Seguindo essas dicas e ficando atento a qualquer atividade suspeita, você pode proteger-se contra esses ataques e manter sua informação segura.

TÉCNICAS DE ESCONDERIJO DE INFORMAÇÕES

O esconderijo de informações é uma técnica utilizada para proteger informações confidenciais de serem vistas por terceiros indesejados. Esta técnica pode ser aplicada em diversas plataformas, incluindo sistemas operacionais como o Linux.

Uma das maneiras de esconder informações é por meio de codificação. A codificação permite que as informações sejam convertidas em um formato ilegível para qualquer pessoa que não tenha a chave de decodificação correta.

Existem várias formas de codificar informações no sistema Linux. Aqui estão algumas técnicas comuns:

1.   Criptografia de arquivos: É possível criptografar arquivos individualmente com ferramentas como o GnuPG ou o cifrador de arquivos do Linux.

2.   Criptografia de discos inteiros: É possível criptografar todo o disco rígido ou partições específicas usando o LUKS (Linux Unified Key Setup) ou outras ferramentas de criptografia de discos.

3.   Criptografia de comunicação: É possível criptografar a comunicação em redes usando protocolos de criptografia, como o SSL ou o TLS.

4.   Uso de chaves SSH: É possível usar chaves SSH para autenticar conexões seguras e criptografar as informações transmitidas entre sistemas.

A escolha da técnica de codificação de informações depende da quantidade de dados a serem protegidos e da necessidade de acesso a eles. É importante seguir boas práticas de segurança, como usar senhas seguras e manter backups encriptados das informações importantes.

Outra maneira é o uso de ocultação de arquivos e pastas. Isso pode ser feito através de alterações nas permissões de arquivo ou alterando as configurações do sistema para que as informações fiquem ocultas.

Para ocultar arquivos e pastas no sistema Linux, você pode renomear o arquivo ou pasta adicionando um ponto antes do nome. Por exemplo, se você quiser ocultar um arquivo chamado "document.txt", basta renomear para ".document.txt". Isso fará com que o arquivo fique escondido na maioria dos gerenciadores de arquivos, mas ainda pode ser acessado digitando o caminho completo para o arquivo. Além disso, você também pode usar a linha de comando para criar pastas ocultas, basta adicionar um ponto antes do nome da pasta. No entanto, é importante lembrar que essa não é uma forma segura de ocultar informações, pois um usuário experiente sempre poderá encontrar esses arquivos se souber onde procurar. Se você precisa proteger informações confidenciais, é recomendável usar criptografia ou outras técnicas de segurança mais avançadas.

Além disso, existem ferramentas especializadas, como o TrueCrypt, que permitem criar áreas criptografadas no disco rígido. Estas áreas são acessíveis somente com uma senha específica, garantindo que as informações fiquem protegidas.

Para criar criptografia no disco rígido com TrueCrypt, siga estes passos:

1.   Baixe e instale o TrueCrypt: você pode fazer isso acessando o site oficial do TrueCrypt e clicando em "Download".

2.   Abra o TrueCrypt: clique no ícone do TrueCrypt na área de trabalho ou pesquise "TrueCrypt" no menu Iniciar.

3.   Selecione "Criar disco criptografado" na janela inicial do TrueCrypt.

4.   Selecione o tipo de disco criptografado que você deseja criar. Pode ser um disco criptografado completo ou uma partição.

5. Escolha o tamanho do disco criptografado ou da partição.

6. Selecione a unidade de destino para o novo disco criptografado.

7. Escolha o algoritmo de criptografia e a chave de criptografia. É importante escolher uma chave forte e segura.

8. Formate o disco criptografado.

9. Defina uma senha para o disco criptografado. É importante escolher uma senha forte e segura.

10. Clique em "Criar" para criar o disco criptografado.

Após criar o disco criptografado, você pode montar e desmontar o disco a qualquer momento usando o TrueCrypt. Qualquer informação armazenada no disco criptografado só poderá ser acessada digitando a senha correta.

É importante destacar que o esconderijo de informações não é uma solução infalível para a proteção de dados. Em caso de invasão de sistema, os dados escondidos podem ser revelados. Por isso, é importante utilizar técnicas de segurança complementares, como firewalls e criptografia, para aumentar a proteção das informações.

É recomendável que as informações sejam armazenadas em mídias externas, como discos rígidos externos ou dispositivos de armazenamento na nuvem, com as devidas medidas de segurança aplicadas. Dessa forma, mesmo em caso de invasão, as informações ficarão protegidas.

Além disso, é importante realizar backups regulares dos dados para garantir que, em caso de perda de informações, elas possam ser recuperadas de forma segura e eficiente. O esconderijo de informações é uma importante ferramenta para proteger informações confidenciais, mas é apenas uma parte da estratégia de segurança de dados.

PREVENÇÃO DE ROUBO DE IDENTIDADE

O roubo de identidade é uma ameaça crescente para a segurança da informação, e é importante estar ciente dos riscos e saber como prevenir esse tipo de ataque.

Os principais tipos de ataques de roubo de identidade incluem:

1. Phishing: Um tipo de ataque onde os criminosos enviam mensagens falsificadas que parecem ser de fontes confiáveis, como bancos, lojas on-line ou instituições governamentais, com o objetivo de obter informações pessoais ou financeiras.

2. Vulnerabilidades de software: Ataques que exploram as vulnerabilidades de software em dispositivos ou aplicativos para obter acesso a informações pessoais.

3. Engenharia social: Ataques que se aproveitam de falhas humanas, como a confiança ou a ignorância, para obter informações pessoais ou financeiras.

4. Espionagem: Ataques que monitoram ou interceptam informações sensíveis, como senhas ou dados bancários, usando técnicas como malware ou spyware.

5. Difusão de informações: Ataques que disseminam informações pessoais, como endereços, números de telefone ou dados bancários, sem o consentimento da pessoa afetada.

6. Roubo físico de dispositivos: Ataques que envolvem o roubo de dispositivos, como laptops ou smartphones, que contêm informações pessoais sensíveis.

A primeira coisa a ser feita é ter senhas fortes e únicas para cada conta. É importante evitar usar palavras-chave simples ou informações pessoais, como nomes de familiares ou datas de nascimento. Além disso, é importante mudar as senhas regularmente.

É importante também estar atento às mensagens de phishing, que são tentativas de obter informações pessoais ou financeiras por meio de mensagens falsas. Essas mensagens podem parecer ser de fontes confiáveis, como bancos ou empresas, mas é importante verificar a autenticidade antes de fornecer qualquer informação.

Existem várias maneiras de identificar mensagens de phishing:

1.   Verificação de remetente: Verifique se o endereço de e-mail ou o nome do remetente é conhecido ou confiável. É comum os cibercriminosos usarem endereços de e-mail fraudulentos para parecer que a mensagem vem de uma fonte legítima.

2.   Conteúdo da mensagem: As mensagens de phishing geralmente apresentam um tom urgente ou sensacionalista, pedindo que você forneça informações pessoais ou financeiras imediatamente. Se a mensagem parecer suspeita, é melhor não clicar em nenhum link ou anexo.

3.   Verificação de links: Se a mensagem contém links, certifique-se de verificar o endereço do link antes de clicar. Muitas vezes, os cibercriminosos usam links fraudulentos que parecem ser de uma fonte confiável, mas que, na verdade, levam a um site malicioso.

4.   Verificação de anexos: Se a mensagem contém anexos, tenha cuidado antes de abri-los. Anexos maliciosos podem conter vírus ou outros tipos de malware que podem comprometer seu computador.

5.   Padrões de mensagem: As mensagens de phishing geralmente seguem padrões comuns, como solicitar informações sensíveis ou apresentar erros de ortografia ou gramática. Fique atento a esses padrões e não confie em mensagens que pareçam estranhas ou pouco confiáveis.

Em geral, é sempre importante ter cautela ao receber mensagens eletrônicas que solicitam informações pessoais ou financeiras. Se a mensagem parecer suspeita, é melhor não respondê-la e entrar em contato com a fonte original para confirmar se a mensagem é legítima.

Outra medida importante é evitar compartilhar informações pessoais desnecessárias na internet, como endereço, telefone ou informações financeiras. Além disso, é importante estar atento às configurações de privacidade nas redes sociais e evitar compartilhar informações pessoais com pessoas desconhecidas.

É importante também estar atento aos sinais de roubo de identidade, como alterações nos extratos bancários ou em créditos ou débitos não reconhecidos. Se algo parecer suspeito, é importante agir rapidamente e notificar as instituições financeiras ou de crédito relevantes.

Além disso, é importante ter software de segurança atualizado em todos os dispositivos, incluindo computadores, telefones e tablets. Esse software ajuda a proteger contra vírus, malware e outras ameaças digitais que podem ser usadas para obter informações pessoais.

Em resumo, a prevenção de roubo de identidade envolve tomar medidas para proteger as informações pessoais, estar atento a mensagens de phishing, evitar compartilhar informações desnecessárias e manter software de segurança atualizado. É importante tomar essas medidas para garantir a segurança da informação e evitar danos financeiros ou pessoais.

PROTEÇÃO CONTRA ATAQUES DE DIFUSÃO

Ataques de difusão são uma das maiores ameaças à segurança de sistemas, especialmente em redes de computadores. Eles são projetados para espalhar-se rapidamente através de uma rede, infectando quantos dispositivos possíveis antes que a equipe de segurança possa responder.

O objetivo dos ataques de difusão é interromper a disponibilidade de serviços críticos, bem como obter acesso não autorizado a dados confidenciais. A natureza rápida e incansável destes ataques torna-os especialmente perigosos e difíceis de detectar e remover.

Os tipos de ataques de difusão mais comuns incluem:

1. Ataques de difusão por inundação: São ataques que enviam quantidades massivas de tráfego para um sistema ou rede, a fim de sobrecarregá-los e torná-los inoperantes.

2. Ataques de difusão por propagação: São ataques que se espalham através de uma rede, infectando vários sistemas e tornando-os vulneráveis a outros tipos de ataques.

3. Ataques de difusão por exploração: São ataques que se aproveitam de vulnerabilidades de segurança conhecidas em sistemas ou aplicativos para se espalhar através da rede.

4. Ataques de difusão por engenharia social: São ataques que se aproveitam da confiança das pessoas em e-mails, links ou mensagens para instalar malware ou obter informações confidenciais.

Cada um desses tipos de ataques de difusão pode ter impactos graves na segurança de um sistema ou rede!

Uma resposta adequada a um ataque de difusão envolve uma combinação de medidas técnicas e gerenciamento de crise. Algumas dicas incluem:

1. Identificação: O primeiro passo é identificar que um ataque de difusão está em curso e localizar a fonte do ataque.
2. Isolamento: Desative ou desconecte imediatamente quaisquer dispositivos ou redes afetados para evitar a propagação do ataque.
3. Mitigação: Utilize ferramentas de mitigação de ataques, como filtros de tráfego, para impedir a propagação do ataque e minimizar seus efeitos.
4. Análise: Analise o ataque para entender sua natureza e identificar a fonte.
5. Contenção: Conte o incidente, incluindo a equipe de resposta a incidentes, para garantir que todas as medidas necessárias sejam tomadas.
6. Recuperação: Reestabeleça o serviço o mais rápido possível e verifique se houve danos permanentes.
7. Prevenção futura: Implemente medidas de prevenção para garantir que um ataque de difusão semelhante não ocorra novamente no futuro.

É importante destacar que a resposta a um ataque de difusão requer uma abordagem cuidadosa e bem planejada, já que esses ataques podem se propagar rapidamente e causar danos significativos a redes e dispositivos.

Para proteger contra ataques de difusão em sistemas Linux, é importante implementar medidas preventivas, tais como manter todos os sistemas atualizados com as últimas correções de segurança, manter backups regulares de dados importantes, e utilizar software antivírus e firewall.

Além disso, é importante monitorar a rede regularmente para detectar atividades anômalas que possam indicar um ataque em andamento. A detecção precoce é fundamental para interromper o ataque antes que ele tenha a chance de se espalhar.

Outra medida de proteção é a criação de uma política de segurança e treinamento de todos os usuários para reconhecer e evitar práticas que possam comprometer a segurança da rede, como clicar em links suspeitos ou baixar arquivos de fontes não confiáveis.

Por fim, é importante ter acesso a equipe especializada em segurança da informação que possa responder rapidamente em caso de um ataque de difusão. Eles devem ter acesso a ferramentas e recursos necessários para conter e remover rapidamente a ameaça.

Em resumo, a proteção contra ataques de difusão em sistemas Linux exige uma combinação de medidas preventivas, monitoramento constante e equipe especializada para lidar com a ameaça. Com a combinação certa dessas estratégias, é possível minimizar o risco de uma difusão bem-sucedida e proteger a integridade da rede e dos dados críticos.

CONCLUSÃO E RECOMENDAÇÕES PARA O FUTURO

Nos últimos capítulos, discutimos vários aspectos da segurança em sistemas Linux e como proteger seus dados contra ameaças maliciosas. Desde a proteção contra malware até a prevenção de roubo de identidade, é importante que os usuários de sistemas Linux tenham conhecimento sobre estas ameaças e como evitá-las.

É importante destacar a importância de manter o sistema atualizado, utilizar ferramentas confiáveis para proteção contra malware, e sempre ser cauteloso ao lidar com e-mails suspeitos e links. Além disso, é fundamental seguir as dicas de segurança, como criar senhas fortes e manter seu software atualizado.

Em relação aos ataques de difusão, é fundamental que as empresas tenham medidas de segurança em seus sistemas, tais como firewalls e criptografia de dados. Além disso, é importante que os usuários tenham conhecimento sobre o uso seguro da internet e como identificar ataques phishing.

O uso de ferramentas de hacking avançadas deve ser feito apenas com finalidades éticas, como identificar vulnerabilidades em seu próprio sistema. É importante que as pessoas compreendam a importância da ética no uso destas ferramentas e evitem usá-las com propósitos maliciosos.

Em conclusão, a segurança em sistemas Linux é algo extremamente importante e deve ser tratado com seriedade. É fundamental que os usuários estejam cientes das ameaças e saibam como proteger seus dados contra elas. Além disso, as empresas devem investir em medidas de segurança eficientes para garantir a proteção de seus dados e sistemas.

Para o futuro, é importante que as pessoas continuem a aprender sobre segurança em sistemas e que as empresas invistam em tecnologias avançadas para garantir a proteção de seus dados. Além disso, é crucial que haja uma conscientização sobre o uso ético de ferramentas de hacking e que sejam adotadas medidas para punir aqueles que as usam com propósitos maliciosos.

Em resumo, a segurança em sistemas Linux é um assunto de grande importância e deve ser tratado com seriedade. É fundamental que as pessoas estejam cientes das ameaças e saibam como proteger seus sistemas contra essas ameaças. As técnicas de hacking avançadas, ataques de negação de serviço, exploração de vulnerabilidades, roubo de identidade e difusão de ataques são apenas algumas das preocupações que precisam ser consideradas. Além disso, a proteção contra ataques por phishing e o esconderijo de informações são importantes para garantir a privacidade e segurança de dados sensíveis. É importante manter a segurança constantemente atualizada e acompanhar as tendências em segurança cibernética para estar preparado para as ameaças do futuro. Por fim, recomenda-se o uso de ferramentas de segurança confiáveis e a conscientização constante sobre os riscos de segurança cibernética para garantir a proteção eficaz de seus sistemas Linux.

www.ingramcontent.com/pod-product-compliance
Lightning Source LLC
Chambersburg PA
CBHW070851220526
45466CB00005B/1952